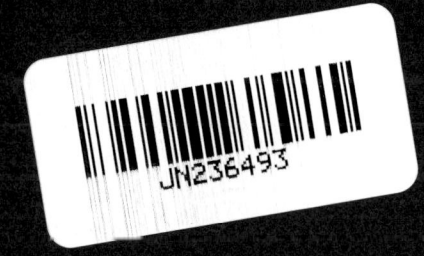

いまどきのなべ

松田美智子

文化出版局

いまどきのなべ　もくじ

おなべの楽しみ　6

［お肉を楽しむなべ］

牛切落し肉のすきやき（格安牛肉をたたき肉にして、立派なすきやきに）　10

特上すきやき（いい肉だったら、このように。定番すきやき）　12

ワインすきやき（ちょっと意外だけれど、ワイン煮感覚で）　14

韓国風牛しゃぶ（たっぷりの野菜を肉で包んでいただきます）　16

豚三枚肉とねぎいっぱいの酒なべ（ねぎ、玉ねぎ、青ねぎ、そしてレタスと）　18

豚三枚肉と削りごぼう、大根の焼酎なべ（中国風のたれで、豚肉と根菜を）　20

ギョウザなべ（おいしいギョウザの作り方もゲットしてください）　22

獅子頭なべ（大きな豚肉だんごと、白菜、春雨の組合せ）　24

鶏しゃぶ（ささ身とにら、芯とり菜、うどなどのさっぱり味）　26

鶏すき（鶏のもも、砂肝、レバーとまいたけなどのこっくり味）　28

鴨なべ（鴨ねぎ、そして冬野菜のおいしさを堪能できます）　30

鶏とキャベツのなべ（ソップ炊きの鶏と春キャベツの組合せ）　32

いか入り豚だんごのなべ（豚肉はこまぎれでOK。するめいか、蓮根入り）　34

牛ハラミのキムチなべ（ポッサムキムチのうまみを生かしたスープで）　36

［お肉も魚もたっぷりのエスニックなべ］

ソウル風チゲなべ（たら、豚肉、あさり、そして野菜もいろいろと）　38

マーラーなべ（辛みをきかせたスープで豚肉、いか、豆腐、そして野菜を）　40

タイすき（スパイシーなスープとたれで、多様な具材を楽しみます） 42
北京風しゃぶしゃぶ（白菜の古漬け入りスープで、具材はお好みで） 44

［魚介を楽しむなべ］

いわしのつみれなべ（ひしこいわしでつみれを作ります） 48
かきのスアンラータンなべ（酸っぱくて辛いスープで、かきとにらを） 50
かきとねぎのみそ仕立て（しょうがとごまをきかせて、シンプルに） 52
白子のマーボーなべ（たらの白子と青ねぎを、辛味スープで） 54
雪見なべ（おろしたかぶを雪に見立て、甘鯛、豆腐、壬生菜などを） 56
ぶりしゃぶ（脂ののったぶりと、水菜、ねぎを豆乳なべにして） 58
金目鯛と大根、えび芋の粕なべ（新しい酒粕が出たら、ぜひお試しを） 60
えびとはまぐりの豆乳なべ（春らしく彩り美しい、椀物感覚のなべ） 62
ねぎまなべ（まぐろとねぎ、わかめにうどの、江戸前の味） 64
鯛なべ（春の王者、鯛の風味を生かして。豆乳だれが魅力です） 66
かわはぎのなべ（上品なかわはぎの味を、肝じょうゆが引き立てます） 68
鯛とあおさのなべ（鯛の刺身と白セロリを緑のスープでしゃぶしゃぶ） 70
あいなめのしゃぶしゃぶ（春の魚に出合いのたけのこ、菜の花で） 72
はもすき（はもは夏が旬。時季には一度はぜひ堪能したい） 74
魚介のカチュッコ風（イタリアの魚介スープをなべ仕立てで） 76
鯖のブイヤベース（あらでスープをとり、身をほぐしてと、一尾まるごと） 78

［野菜もいっぱいいただくなべ］

豚だんごりえごまの葉なべ（えごまの葉をみそスープにして、韓国風に） 80
香菜と白身魚のなべ（トマト、豆腐、玉ねぎも入ります） 82

バーニャカウダのなべ仕立て（イタリア風ソースで好みの野菜を）　84

きのこなべ（旬のきのこを各種とり混ぜて、油揚げと里芋をプラス）　86

おでん（薄味のおだしで品よく煮るスタイルです。茶飯も添えて）　88

［小粋に楽しむ小なべ仕立て］

鶏の軟骨入りだんごなべ（鶏もも肉で作ります。相方は青梗菜で）　90

白魚とクレソンの小なべ（春、白魚が出てきたらぜひ。クレソンも旬です）　92

かきとセロリの小なべ（具材はこれだけ。意外な相性です）　94

ふぐ皮の小なべ（ふぐ皮、白菜の芯、青ねぎの取合せ）　95

酒盗の湯豆腐（ちょっとおつな、変り湯豆腐。いっぱいの青ねぎを薬味に）　96

花山椒なべ（香り高い花山椒で春を満喫して、牛肉をしゃぶしゃぶ）　97

小なべのアイディアいろいろ　98

松田式たれ、調味料　100

自家製ぽん酢　だいだい酢　柑橘ぽん酢　自家製コチュジャン　万願寺とうがらしたれ

なべの〆に　104

おだしとスープのこと　106

だし汁　チキンスープ　自家製めんつゆ

薬味、調味料　109

おすすめの「なべ」のご案内　110

＊材料の分量は４人分を基準にしていますが、小なべ仕立ての場合は２人分ぐらいが目安です。
そして具材は状況や好みで加減して、臨機応変、気軽にお楽しみください。
＊1カップは200㎖、大さじ1は15㎖、小さじ1は5㎖のものを使用しています。
＊電子レンジは600Wの場合を基準にしています。

おなべの楽しみ

ほわほわっと湯気の上がった、あったかいおなべ。思い浮かべただけで、誰もがほんわかと幸せで、やさしい気持ちになれます。

この本には、私の大好物から、主人好みのなべ、友人に受けのいいなべ、外でいただいて、どうしても家でも食べたくて、まねするうちにわが家流になったなべ、外国で教えてもらったなべ、その時季に必ず一度は作らずにはいられない季節限定なべ、あっという間に作れるなべ、ちょっと手をかけて作る、おもてなしなべ、高級素材を使わなくても、冷蔵庫の残り物でも、あり合せでも、工夫次第でおいしく作れる普段なべ……。たくさん、ご紹介しています。

どのおなべも、この材料でなくては作れない、ということはありません。まずは、身近な食材でお試しください。そうするうちに、新しい素材の組合せ方や食べ方を発見できる、という思わぬおまけがついてくることも。おなべは創造力を養ってくれる、貴重な食べ物といえましょう。

◎おなべはいいことずくめです。

なべ物は私にとってはいいことずくめ。まず、準備が簡単なのがありがたい。それから、一人でも二人でも、大人数でも楽しめるうえ、大好きな野菜をたくさんいただけるのがうれしい。たっぷりと具材をいただいた後には、雑炊やうどん、お餅と、もう一つのお楽しみが待っている。要するに、おなべ一つで、前菜から〆《しめ》ご飯まで、何段階か楽しめてしまうというわけです。おなべ一つで済むわけですから、後かたづけが楽ちん。これまた、ありがたいこと。また、いただく側にしてみれば、何人でおなべを囲もうとも、自分の好きなものを好きなだけ、おなかのぐあいに合わせて調節しながらいただけると、これまた、いいことずくめなのです。

◎シンプルに素材を楽しみましょう。

　豪華寄せなべもいいものですが、少人数でおなべを囲むときには、ちょっと不つりあい。何種類も少量ずつ材料をそろえるのは大変ですし、不経済かもしれません。最近のマイブームは、素材を味わうシンプルなべ。春ならたこや貝類、冬は根菜とたら、というふうに、出盛りの素材をたっぷりと、素直にいただくおなべが気に入っています。

◎おなべは食卓調理です。

　なべ物は具材とおだしの準備さえ整えれば、あとは食卓ですべてが事足りる調理スタイル。「なべ奉行」がいてもいなくても、なべ物はいただく人全員がシェフ。各自、好みのものを入れていいのですが、少しだけお願いがあります。できれば、自分がいただける量だけを入れるということ。それから、だしが出るものから入れて、野菜にはそのエキスを吸わせてほしいこと。一度に入れても、一度にはいただけませんものね。

◎真骨頂はプロセスを楽しむこと。

レシピに特に指示はしていませんが、おなべには何段階もの楽しみが潜んでいます。味のついたおだしならば、まずはそのままいただいてみて、次に薬味を入れてみる。柑橘ぽん酢を入れてみる。そうやって、風味を変えて楽しみます。薬味は多いほうが楽しみは増えていくというわけです。

また、なべ後の〆ご飯も大きな楽しみの一つ。なべ中をきれいにしてから、〆にかかりましょう。〆もうどん、雑炊とお餅など、何段階か楽しめるおなべもあります。ゆっくりとリラックスして、おなべの流れを遊んでみてください。

◎吸い物代りに小なべを。

普段は主人と二人だけ。でも、おなべをメインにいただこうという日には、ある程度大きなおなべで作りますが、おすしをとったりした日には、シンプル小なべを吸い物代りにいただきます。あつあつのお吸い物をたっぷりとお椀によそって、フウフウいいながらいただくのもまた楽し。最近のお気に入りです。

準備が簡単ということでは、究極のファストフード。でも、おなべを囲んだ家族の笑顔を思うと、究極のスローフードという気がします。おなべはもう冬だけのものではありません。季節の素材を取り込んだ、その季節ならではのおなべを、ご家族、お友達、皆さんでぜひ、お楽しみください。

一人でも二人でも、大勢で囲んでも
おいしいのが、なべ料理。
いまどきのなべは、
ちょっとおしゃれにシンプルに。
さ、「おいしい！」の始まりです。

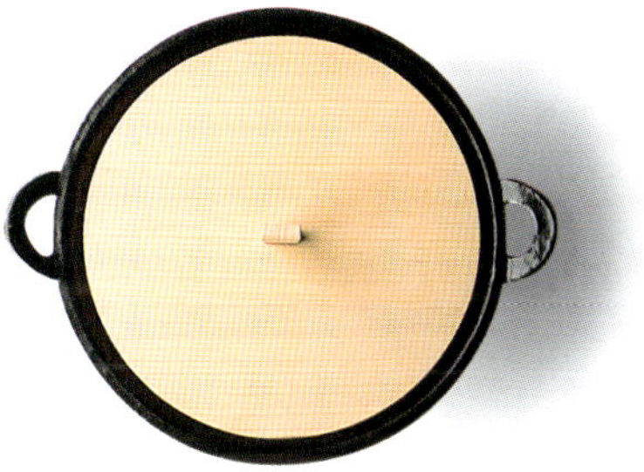

［お肉を楽しむなべ］
牛切落し肉のすきやき

◎具材
牛切落し肉……500g
糸こんにゃく……1玉
ごぼう(ささがき)……1本
セロリ(乱切り)……2本
赤パプリカ……1個
ねぎ……½束
◎割り下
酒、水……各½カップ
砂糖……大さじ2
しょうゆ……¼～⅓カップ
◎たれと薬味
とき卵と粉山椒

●下ごしらえ
①牛切落し肉は包丁で細かくたたき、かるくひとまとめにしておく。
②糸こんにゃくは半分に切り、塩大さじ１(分量外)をすり込み、水から10分ゆでて水にとる。
③赤パプリカは種を取り、わたをそいで細切りに、ねぎは縦半分に切り、芯を取って10cm長さに切る。

**細かくたたいてポトンポトン。
格安牛肉とは思えない仕上り。
味もよくしみ込みます。**

なべに割り下を沸かし、たたいた牛肉をだんご状にして入れ、ねぎも入れて火を通す。

火が通ったら、とき卵と粉山椒でいただく。残りの具材も同様に煮ていただく。

煮汁を沸かしてとき卵を流し入れ、半熟になったら、ご飯の上にのせ、粉山椒をふる。

[お肉を楽しむなべ]

特上すきやき

◎具材

牛上ロース肉(厚めの薄切り)……400g

ヘット……適量

しらたき……1玉

焼き豆腐……1丁

ねぎ……1本

小松菜……½束

生しいたけ……4個

◎割り下

砂糖……大さじ4

酒……1カップ

しょうゆ……約½カップ

◎たれと薬味

とき卵と粉山椒

●下ごしらえ

①しらたきは半分に切り、塩大さじ1(分量外)をもみ込んで、水から10分ゆでる。

②焼き豆腐は一口大に切り、ねぎは縦半分に切ってから芯を除き、ぶつ切りにする。小松菜は軸と葉に切り分ける。しいたけは石づきを切り落とす。

厚めに切った牛肉を焼きつけていただく本格すきやきです。肉汁で野菜もおいしくなります。

なべにヘットをとかし、まず牛肉を焼く。割り下を適宜回しかけ、卵と山椒でいただく。

残りの具材を並べて割り下を回しかけて煮る。具の水分によって味を見て、酒か水で加減する。

〆は煮汁の味を見て、濃いようなら水で加減をし、粟餅を加えてやわらかく煮る。

［お肉を楽しむなべ］

ワインすきやき

◎具材

牛肉すきやき用……400g

しらたき……1玉

焼き豆腐……1丁

どんこしいたけ（生）……8個

クレソン……4～6束

ねぎ……3本

◎割り下

ジンファンデル（カリフォルニア赤ワイン）……4カップ

三温糖、しょうゆ……各大さじ4

◎たれと薬味

とき卵とひきこしょうまたは粉山椒

なべに具材を並べ、
割り下を回しかけ、すきやきに。
とき卵と好みの薬味でいただく。

●下ごしらえ

牛肉は長さを半分に切る。しらたきは塩大さじ１（分量外）でよくもみ、水から10分ほどゆでて、２、３か所切っておく。焼き豆腐は縦半分に切ってから２cm厚さに切る。どんこしいたけは軸の下１cmぐらいを除き、二つに裂く。クレソンは軸と葉に分けておく。ねぎは縦半分に切り、芯を抜いて３cm長さに切りそろえる。

こっくり味の赤ワインがたっぷり。
深い香りとこくがやみつきに。
カリフォルニアのお土産料理です。

煮汁が減ったら、ワインを
水で割って加え、かためにゆでた
きしめんを加える。とき卵で。

Rabbit Ridge
2000
CALIFORNIA
ZINFANDEL
BARREL CUVEE

［お肉を楽しむなべ］

韓国風牛しゃぶ

◎具材
牛肩ロース肉しゃぶしゃぶ用……400g
白菜……¼株
ねぎ……1本
ごぼう……1本
えごまの葉……2束
青ねぎ……2〜3本
黄にら……1束
赤パプリカ……1個
◎スープ
チキンスープ……8カップ
酒……½カップ
◎たれ
パイナップルジュース……½カップ
アップルジュース……½カップ
にんにく(おろす)……小さじ½
しょうゆ……½カップ
米酢……大さじ2
◎薬味
和がらし／すりごま／一味とうがらし／粉山椒／こしょう

●下ごしらえ
①白菜はざく切り、ねぎは縦半分に切って芯を取り、10cm長さに切る。ごぼうは皮つきのまま10cm長さの棒状に切る。えごまの葉はざく切り、青ねぎとにらは10cm長さに切る。パプリカは種を取り、わたをそいで細切りに。
②スープの材料、たれの材料を合わせておく。

スープの⅔量を沸かし、
肉と野菜を一緒に適宜入れ、
好みに薬味を加えた
たれでいただく。
スープが少なくなったら足す。

〆はスープのアクを取り、
かためにゆでたうどんを加え、
塩で調味し、
薬味と刻み青ねぎでいただく。

実は、お肉より野菜がメイン。
食べやすく切った野菜を、さっと
火を通した牛肉で包んでどうぞ。

［お肉を楽しむなべ］

豚三枚肉とねぎいっぱいの酒なべ

◎具材

豚三枚肉薄切り……400g

ねぎ……2本

玉ねぎ……1個

青ねぎ……3本

赤パプリカ……1個

レタス……½個

◎スープ

酒……7カップ（水で割ってもいい）

昆布……7cm長さ

◎しょうゆだれ

だし汁……1カップ

酒……大さじ2

塩……小さじ⅓

うす口しょうゆ……大さじ1

◎梅だれ

だし汁……1カップ

梅干し（たたく）……大さじ2

酒……大さじ3

◎薬味

針ゆず／すりごま／かんずり

スープを沸かし、野菜と肉をさっと煮て、
好みのたれと薬味でいただく。

●下ごしらえ

①豚肉は取りやすくするため、くしゃくしゃと１枚ずつまとめて盛りつける。

②ねぎは縦に切り、芯を抜いて広げ、斜め細切りにする。玉ねぎは縦半分に切ってから、横に薄切りに、青ねぎは斜め細切りにする。赤パプリカは種を取り、わたをそいで細切りにする。細切り野菜をふんわりと盛り、レタスを添える。

③酒と昆布を合わせて火にかけ、煮立ったら昆布を除く。

アクなどを除いて、なべ中をきれいにし、
節そうめんをそのまま加えて、塩でいただく。

お酒のおかげで、
豚肉がふんわり。
さっぱり味と酸っぱめ味の
二つのたれがポイントの
豚しゃぶです。

［お肉を楽しむなべ］

豚三枚肉と削りごぼう、大根の焼酎なべ

◎具材
豚三枚肉しゃぶしゃぶ用……300g
大根……½本
ごぼう……2本
青ねぎ……½束
◎スープ
水……4カップ
焼酎……3カップ
◎たれと薬味
腐乳／芝麻醤／黒酢
辣椒醤（にんにくや米酢を加えて作ったとうがらしみそ）

●下ごしらえ
①大根は皮をむいて小さめの乱切りに、ごぼうは皮ごと小さめの乱切りにする。青ねぎは長めのざく切りにする。
②豚肉は取りやすくするため、くしゃくしゃと1枚ずつまとめて盛りつける。

スープを沸かし、大根、ごぼうを煮て、次に肉とねぎを加え、好みの割合で薬味を混ぜ合わせたたれでいただく。

体がしんから温まる焼酎入りおなべ。具はシンプルに4種のみ。大根がおいしくなる冬場にぜひ。

スープを塩、こしょうで調味。節うどんをそのまま煮て、青ねぎの小口切りを添える。

長期貯蔵麦焼酎
麹屋伝兵衛

[お肉を楽しむなべ]

ギョウザなべ

◎ギョウザ

豚ひき肉……300g

白菜(粗みじん切り)……1枚

黒ぐわい(缶詰。粗みじん切り)……6個

しょうが(みじん切り)……大さじ1

干ししいたけ(もどしてみじん切り)……1個

にんにく(みじん切り)……大さじ½

ねぎ(みじん切り)……½本

しょうゆ……大さじ1

塩……小さじ½

こしょう……たっぷり

ごま油……大さじ1

紹興酒……大さじ2

ギョウザの皮(大)……1袋

◎ギョウザ以外の具材

ターツァイ(下を切る)……1株

黄にら……2束

◎スープ

A
- ごま油……大さじ2
- しょうが(みじん切り)……大さじ1
- にんにく(みじん切り)……大さじ1

B
- 砂糖……大さじ1
- ねぎ(みじん切り)……½本
- 中国山椒(つぶす)……大さじ2

チキンスープ……6カップ

紹興酒……¼カップ

塩……小さじ1

しょうゆ……大さじ2½

米酢……大さじ1½

◎薬味

米酢/ナンプラー/辣椒醤

●下ごしらえ

①ギョウザを作る。白菜に塩小さじ¼(分量外)をふって混ぜ、しんなりしたら水気を絞る。豚ひき肉に皮以外の材料を加えてよく混ぜ合わせ、皮で包む。

②スープを作る。なべにAを合わせて中火にかける。香りが出てきたら、Bを加えて炒め、残りの材料を加えて煮立てる。

中国山椒とお酢が入って
スープの味がきりりとしまります。
時間がないときは
市販のギョウザで。

スープにギョウザを入れて火を通し、
残りの具材を加えて煮て、
好みの薬味でいただく。

残ったスープを塩としょうゆで調味。
湯でもどしたビーフンを煮る。種を取り、
横に薄切りにしたピーマンを添える。

[お肉を楽しむなべ]

獅子頭なべ

◎肉だんご

豚肩ロース肉かたまり……500g

干ししいたけ……2個

黒ぐわい(缶詰)……6個

A
- しょうが(みじん切り)……小さじ2
- にんにく(みじん切り)……小さじ2
- 塩、こしょう……各少々
- しょうゆ……小さじ1
- 紹興酒……大さじ1
- 片栗粉……大さじ1

揚げ油……適量

◎肉だんご以外の具材

春雨……120g

白菜(ざく切り)……¼株

◎スープ

チキンスープ……7カップ

しいたけのもどし汁……適量

塩……小さじ1

紹興酒……大さじ3

しょうゆ……大さじ2

こしょう……少々

◎薬味

香菜／ラー油／米酢

名前のとおり、
ごつごつ大きな肉だんご。
ひき肉ではなく、肉を刻んで作る、
中国・揚州の名物料理です。

●下ごしらえ

①肉だんごを作る。豚肉は1cm角に切る。干ししいたけはもどしてから5mm角に刻む。黒ぐわいも同様に5mm角に刻む。これをボウルに入れ、Aを加えてよく混ぜ合わせ、八つの大きいボールを作る。揚げ油を中温に熱し、まわりに色がつくまで揚げる。これを金ざるに並べ、上から熱湯を回しかける。

②春雨は熱湯を回しかけてもどし、2、3か所切っておく。

スープの材料を合わせて煮立て、
だんごと白菜、春雨を煮て、
好みの薬味でいただく。

［お肉を楽しむなべ］

鶏しゃぶ

◎具材
鶏ささ身……8本
黄にら……1束
芯とり菜……1束
うど……1本
新玉ねぎ……1個

◎スープ
チキンスープ……5カップ
紹興酒……1/4カップ
塩……小さじ1

◎たれ（万願寺とうがらしたれ）
万願寺とうがらし（細かく刻む）……2本
しょうゆ……1/3カップ
米酢、ナンプラー……各大さじ1

◎薬味
一味とうがらし

●下ごしらえ
①鶏ささ身は筋を取り、そぎ切りに。胸肉、もも肉を皮と脂を取って同様にしてもいい。
②うどは皮をむいて5cm長さの薄切りにし、薄い酢水につける。玉ねぎは縦半分に切り、横に薄切りにする。
③たれの材料を合わせておく（p.103参照）。

春から初夏におすすめの、
さらりとした後口のおなべ。
一人か二人用の小なべにも。

スープの材料を煮立て、具材を煮ながらたれでいただく。好みで一味をふってどうぞ。

〆は揚げ春雨。春雨50gを中温で揚げてスープに加え、塩、こしょうで味を調える。

［お肉を楽しむなべ］

鶏すき

◎具材

鶏もも肉……2枚

砂肝……200g

鶏レバー……200g

しらたき……1玉

せり(葉と茎に切り分ける)……1束

まいたけ(裂く)……1パック

ごぼう(ささがき)……1本

◎割り下

酒……1カップ

しょうゆ……$\frac{1}{2}$カップ

砂糖……大さじ3

水……$1\frac{1}{2}$カップ

◎たれと薬味

とき卵と粉山椒

●下ごしらえ

①鶏もも肉は皮と脂を除き、1㎝のそぎ切りにする。砂肝は皮と脂を取り、レバーは血玉と筋を取る。

②しらたきは半分に切り、塩大さじ1(分量外)をすり込み、水を加えて10分ゆでる。

砂肝、レバー、肉そのもの、といくつもの食感が楽しめます。新鮮な鶏肉を手に入れてお試しを。

なべに割り下を煮立て、まず、鶏肉と砂肝、レバーから煮ていく。

順次、野菜やしらたきを加え、煮ながらとき卵と粉山椒でいただく。

〆は焼き餅。割り下の味を見て濃いようなら水を加え、焼いた餅を煮る。粉山椒で。

［お肉を楽しむなべ］
鴨なべ

◎具材
鴨胸肉……2枚
ねぎ（5㎝長さに切る）……2本
九条ねぎ……4～5本
京にんじん……½本
粟麩……1本
聖護院かぶら……¼個
◎おだし
だし汁……5カップ
酒……⅓カップ
みりん……大さじ4
しょうゆ……⅓カップ
◎味つけ
天然塩とゆず果汁
◎薬味
針ゆず／一味とうがらし／粉山椒

●下ごしらえ
①鴨の脂をはがし、皮に3㎜間隔で切込みを入れて1㎝幅に切る。身のほうは7㎜幅のそぎ切りにする。
②九条ねぎは5㎝長さのざく切り、京にんじんは5㎝長さの細切りに、粟麩は一口大に切る。聖護院かぶらは厚めに皮をむき、5㎜厚さに切る。

2段階で楽しめるおなべです。
まずは鴨の脂でねぎをいただき、
鴨とにんじん、鴨とかぶらと進みます。

なべを温め、鴨の脂を焼きつける。その脂でねぎを焼き、天然塩とゆず果汁でいただく。

なべ中の脂をペーパータオルで押さえ、おだしの材料を加えて煮立てる。
鴨肉と他の具材を煮て、好みの薬味で。

〆はかためにゆでたそばを加え、さらしねぎを添えていただく。好みで粉山椒をプラス。

［お肉を楽しむなべ］

鶏とキャベツのなべ

◎スープ

スープストック

　鶏ガラ……4羽分

　水……5リットル

　しょうが（薄切り）……5枚

　ねぎ（青い部分）……1本分

酒……½カップ

◎具材

鶏骨つきもも肉……4本

春キャベツ……1個

◎薬味とたれ

ゆずこしょう／かんずり／粉山椒／割りこしょう／天然塩

あさつき（小口切り）／自家製ぽん酢（p.100参照）

●下ごしらえ

①スープストックをとる。材料全部を合わせて火にかけ、煮立ったらアクと脂をすくい取る。かるくふたをして弱火で2時間煮込み、こす。このスープ7カップに酒を加えて、なべのスープとする。

②鶏肉は脂を取り除き、ぶつ切りにする。キャベツは芯の部分は薄切りに、葉は一口大にちぎる。

③①のなべのスープで鶏を下煮して食卓に持ち出す。

鶏肉に火が通ったらキャベツを加えて
さっと煮て、好みの薬味とぽん酢でいただく。

〆はスープを水と酒で調整し、
みそで調味してご飯を入れ、みそ雑炊に。
さらしねぎと割りこしょうで。

まずはスープを味わって。
次の春キャベツが
やさしい甘みをプラス。
驚くほどキャベツがおいしい！

［お肉を楽しむなべ］

いか入り豚だんごのなべ

◎豚だんご

豚こまぎれ肉……250g

するめいか(鮮度のいいもの)……中1ぱい

蓮根(5㎜角に切る)……1カップ

しょうが(みじん切り)……小さじ1

にんにく(みじん切り)……小さじ1

ねぎ(みじん切り)……¼本

こしょう……小さじ1

しょうゆ、酒……各大さじ1

白ごま……大さじ1

◎豚だんご以外の具材

せり(6〜7㎝長さに切る)……3束

◎スープ

だし汁……6カップ

酒……⅓カップ

ナンプラー……約¼カップ

うす口しょうゆ……大さじ1

◎薬味

一味とうがらし

●下ごしらえ

①豚だんごを作る。まず、豚肉をフードプロセッサーに入れ、ハーフタイムのスイッチの入・切を2〜3回繰り返し、ざっとほぐす。

②いかはそっとわたを取り出し、墨袋は取り除く。胴の部分は軟骨を取り、2㎝幅に切る。足も2㎝長さに切る。

③①のフードプロセッサーにいかのわたと足を加え、スイッチの入・切を2〜3回繰り返す。胴も加え、いかが7㎜角ぐらいになるまで、スイッチを操作して空気を入れながら回す。こうするとだんごがやわらかく仕上がる。これをボウルに取り出し、残りの材料を加えてゴムべらで混ぜ、盛りつける。

細かくしすぎないのがポイント。
いかと蓮根の力で深みのある味と
食感のいい豚だんごになりました。

スープを温め、だんごのたねをスプーンですくって落とし、浮き上がったらいただく。

せりはさっと火を通しただけのほうがおいしい。アクセントに一味をふる。

〆はグリルでさっと焼き直したきりたんぽを加えて。またはかためのご飯に汁をかけて。

[お肉を楽しむなべ]

牛ハラミのキムチなべ

◎具材

牛ハラミ(あればカブリ。5㎜厚さ)……300g

ねぎ……1本

青ねぎ……1束

大根……6㎝長さ

木綿豆腐……1丁

◎スープ

A（ごま油……大さじ2

にんにく(みじん切り)……大さじ1

砂糖……小さじ1）

ポッサムキムチ(3㎝角のざく切り)……1½カップ

チキンスープ……5カップ

赤みそ……大さじ3

酒……1カップ

自家製コチュジャン(p.102参照)……小さじ1〜2

しょうゆ、ナンプラー……各大さじ1

◎薬味

コチュジャン／糸とうがらし／切りごま

煮立ったスープの中に、
順次好みの具材を入れ、好みの
薬味でスープごと、いただく。

スープの味を見て、
水か酒で味を調え、トックを
加えてやわらかくなるまで煮る。

●下ごしらえ

①ねぎは縦半分に切って芯を取り、7㎝長さに、青ねぎも7㎝長さに切る。大根は5㎜厚さの短冊切りにする。豆腐は縦半分に切ってから、1㎝幅に切る。

②スープを作る。なべにAを合わせて火にかけ、香りが立ってきたらキムチを炒める。残りの材料を加えて煮立てる。

うまみ満点のポッサムキムチが
いい味を出してくれます。
厚めの牛肉との相性もぴったり。

［お肉も魚もたっぷりのエスニックなべ］
ソウル風チゲなべ

◎具材
生たら……4切れ
豚三枚肉（5㎜厚さ）……200ｇ
あさり（砂を吐かせる）……200〜300ｇ
じゃがいも……大1個
にんじん……½本
春菊……1束
キャベツ……4〜5枚
玉ねぎ（1㎝厚さに切る）……1個
◎スープ
チキンスープ……5カップ
韓国粉とうがらし……大さじ½
自家製コチュジャン……大さじ1（p.102参照）
塩……小さじ½
こしょう……少々
しょうゆ……大さじ1
砂糖……小さじ1
にんにく（おろす）……小さじ½
◎薬味
コチュジャン

●下ごしらえ
①たらは皮の汚れと臭みをふき取り、小骨を除いて一口大に、豚肉も一口大に切る。
②じゃがいもはラップフィルムに包んで3〜4分電子レンジにかけ、皮をむいて1㎝厚さに切る。にんじんは5㎝長さの短冊切り、春菊は長さを半分に、キャベツは一口大に切る。
③スープの材料を合わせておく。

なべに具材を並べ、スープを加えて火にかける。煮立ったらコチュジャンでいただく。

〆は2段階。まずはスープを少し加え、韓国ラーメンをゆでずにそのまま入れて煮る。

スープの量を1カップ弱に減らし、ご飯2膳分を入れて混ぜ、白ごま、のり、青ねぎを加える。

ごま油大さじ1をなべ肌から流し入れ、おこげを作る。よく混ぜてからいただく。

ひとなべで3度おいしいチゲなべ。
なべ後に2段階のお楽しみが待っています。

［お肉も魚もたっぷりのエスニックなべ］

マーラーなべ

◎具材

豚三枚肉（5㎜厚さ）……300g

するめいか……大1ぱい

木綿豆腐……1丁

キャベツ……5枚

万能ねぎ……½束

石川芋……8個

大豆もやし……1袋

ヤングコーン……1パック

◎スープ

A
- ごま油……大さじ2
- にんにく（みじん切り）……大さじ1
- しょうが（みじん切り）……大さじ2

B
- ねぎ（みじん切り）……¼本
- 豆板醤……大さじ1
- 韓国粉とうがらし……小さじ1
- 中国山椒（刻む）……大さじ1

チキンスープ……5カップ

紹興酒、チリソース……各¼カップ

ナンプラー……大さじ2

ラー油……大さじ1

こしょう……少々

水溶き片栗粉……大さじ2

◎たれと薬味

卵黄と沙茶醤

山椒のピリリと豆板醤のピリリ。強いピリ辛味を野菜の甘みがマイルドに包み込んでくれます。

●下ごしらえ

①豚肉は一口大に切る。いかはそっとわたを取り出し、胴の部分は輪切りに、足は食べやすく切っておく。わたはとっておく。豆腐はペーパータオルの上で水分を取って一口大に、キャベツも一口大に切る。万能ねぎは6㎝長さに切り、石川芋は蒸して皮をむく。大豆もやしはひげ根を取る。

②スープを作る。なべにAを合わせて火にかけ、香りが出てきたら、Bを加えて炒める。いかのわたを加え、残りの材料を加える。

なべにスープを熱し、具材を入れて煮る。卵黄に好みで沙茶醤を加えていただく。

〆はチキンスープを加え、卵めんをゆでずにそのまま加えて煮込む。

［お肉も魚もたっぷりのエスニックなべ］

タイすき

◎具材
白身魚のすり身……250g
　卵白……1個分
　塩、白こしょう……各少々
鶏胸肉……1枚
豚三枚肉薄切り……200g
大正えび(背開き)……4尾
やりいか……3〜4はい
セロリ……2本
レタス(ちぎる)……¼個
黄にら(6cm長さに切る)……1束
香菜……1束

◎スープ
チキンスープ……8カップ
玉ねぎ……1個
大根(皮つき)……5cm長さ
大根の茎……1本分
香菜の根……3〜4本分
にんにく……1かけ
塩……小さじ1
黒粒こしょう……大さじ1

◎たれ
シーズニングソース……⅓カップ
オイスターソース……大さじ2
チリソース……大さじ2
砂糖……小さじ1
レモン汁……大さじ3
ごま油……大さじ2
にんにく(おろす)……1かけ

◎薬味
青とうがらし(刻む)……3本
香菜(小口切り)……1本
らっきょう(みじん切り)……4個

●下ごしらえ
①白身魚のすり身に卵白と塩とこしょうを混ぜる。鶏肉は皮と脂を取り除き、薄切りに、豚肉は半分に切る。やりいかは開いて一口大に切り、巻いておく。セロリはピーラーで縦に薄くそぐ。
②スープの材料を全部合わせて、15分ほど煮立て、香りを移して、一度こして食卓に。
③たれの材料を合わせておく。

**ごろんと入れた玉ねぎと
大根葉がミソ。スパイシーな
たれが夏バテぎみの
体に活を入れてくれます。**

スープを煮立て、まず野菜から火を通し、
肉や魚介を順次煮て、たれと薬味でいただく。

〆はさっとゆでたフォーを加えて煮る。
香菜の葉を添えていただく。

[お肉も魚もたっぷりのエスニックなべ]

北京風
しゃぶしゃぶ

白菜の古漬けがおいしくなる
冬ならではのおなべです。
たれは各自が
好みの味に作ります。

［お肉も魚もたっぷりのエスニックなべ］

北京風 しゃぶしゃぶ

◎具材とスープ

豚三枚肉（かたまり）……500g

A
- にんにく（芯を取る）……1かけ
- 黒粒こしょう……大さじ1
- 紹興酒……¼カップ
- 水……12カップ

帆立貝柱（厚さを半分に切る）……4個

ラムもも肉薄切り……200g

白菜の古漬け（ざく切り）……3〜4カップ

白菜（ざく切り）……¼株

ミニ青梗菜（縦二つ割り）……4株

春雨（もどす）……50g

自家製凍り豆腐（＊）……豆腐1丁分

にら……1束

黄パプリカ（わたをそぎ取って細切り）……1個

中国湯葉……適量

◎たれと薬味

しょうゆ／腐乳／辣椒醤／黒酢／沙茶醤

万能ねぎ（小口切り）／粗びきこしょう

香菜（ざく切り）／芝麻醤／しょうが（おろす）

にんにく（おろす）

●下ごしらえ

①まず、具材のゆで豚を作る。豚肉を縦半分に切ってたこ糸で縛り、Aを合わせた中で約40分ゆでる。そのまま一晩煮汁ごと冷やし、脂を固めて取り除く。こうすると、ヘルシーかつ肉もやわらかく仕上がる。豚肉は5㎜厚さに切り、煮汁はこしておく。

②スープを作る。なべに①の煮汁を10カップ入れ、白菜の古漬けを汁ごと1カップぐらい加え、煮立てて味を見る。酸味が足りないようなら、気持ち、米酢を加えて調える。

＊自家製凍り豆腐の作り方　木綿豆腐1丁を1㎝厚さの一口大に切り、ラップフィルムで包んで冷凍する。解凍して水気を絞る。

薬味は並べておき、それぞれが好みの味に混ぜ合わせて、自分だけのたれを作る。

スープを煮立てた中に
順次具材を入れ、
好みの煮え加減になったら、
たれでいただく。

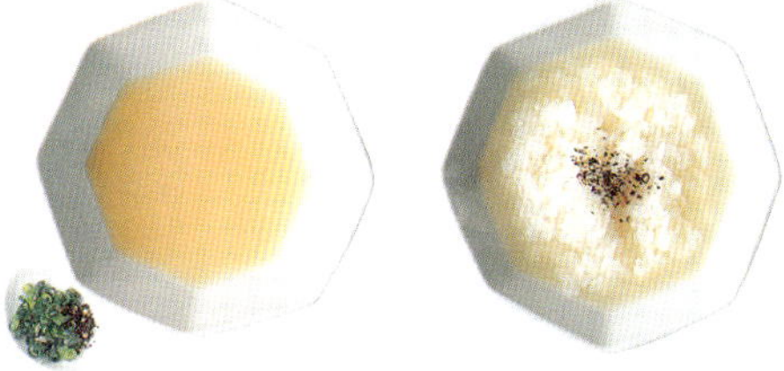

〆はスープだけでもおいしい。
またご飯にスープをかけ、
こしょうをふってお茶漬け風に。

［魚介を楽しむなべ］

いわしのつみれなべ

◎つみれ

ひしこいわし……500g

A
- 卵白……1個分
- みそ……大さじ1
- 酒……大さじ2
- こしょう……たっぷり

B
- ねぎ（みじん切り）……½本
- しょうが（みじん切り）……大さじ2
- 蓮根（粗みじん切り）……½カップ

◎つみれ以外の具材

セロリ（短冊切り）……2本

ねぎ（芯を除いて短冊切り）……1本

アスパラガス（ピーラーで薄くそぐ）……4本

みょうが（薄切り）……3～4個

◎スープ

だし汁……5カップ

酒……1カップ

塩……小さじ½

うす口しょうゆ……大さじ2

◎薬味

一味とうがらし／粉山椒／ゆず一味

●下ごしらえ

つみれを作る。いわしを手開きにし、頭と尾、内臓を除き、すり鉢でするかフードプロセッサーですり身にする。Aを加えて混ぜ、プロセッサーの場合は取り出してからBを混ぜる。

なべにスープを沸かし、つみれをスプーンですくって落とし、浮き上がってきたら好みの薬味でどうぞ。野菜も加えていただく。

〆はスープの味をみそで調え、かためにゆでたうどんを煮込み、青ねぎの薄切りと一味でいただく。

みそ味ではなく、しょうゆ味でさっぱりいただきます。アスパラガスやセロリ、みょうがで、さらにすっきり。

[魚介を楽しむなべ]

かきのスアンラータンなべ

◎具材

かき(生食用)……300g

　酒……大さじ2

　片栗粉……大さじ1

黄にら(半分に切る)……2束

香菜(根元を落とす)……3束

◎具入りスープ

干ししいたけ……2個

A
- にんにく(みじん切り)……小さじ1
- しょうが(みじん切り)……小さじ1
- ごま油……大さじ1

ねぎ(みじん切り)……½本

豚肩ロース肉(せん切り)……150g

B
- しょうゆ……大さじ1
- 紹興酒……大さじ1

たけのこの水煮(せん切り)……150g

C
- 中国山椒(つぶす)……小さじ2
- 豆板醤、こしょう、塩……各小さじ1

紹興酒……¼カップ

チキンスープ(しいたけのもどし汁を含む)……5カップ

しょうゆ……大さじ1～2

米酢……大さじ3～4

水溶き片栗粉……大さじ1～2

◎薬味

ラー油／米酢

かきなべといえば、みそ味が主流。
でも、酸っぱくて辛い味に挑戦を。
新しいなべの世界が開けますよ。

●下ごしらえ

①かきはボウルに入れ、ゆるい水流の流水で1粒ずつ振洗いをする。水気をきり、酒と片栗粉をふって10分おく。その後、ざるに広げ、熱湯を回しかける。

②スープを作る。干ししいたけは1カップの水でもどして、せん切りにしておく。焼きつけできるなべにAを合わせて火にかけ、香りが立ってきたらねぎを加える。豚肉にBを合わせてから加え、肉の色が変わったらしいたけとたけのこを加え、Cを加えて炒める。香りが立ったら紹興酒とチキンスープを入れて煮立て、アクをすくい取る。しょうゆと米酢で味を調え、水溶き片栗粉でかるいとろみをつける。

煮立てたスープに、かきと野菜を入れて煮る。
好みで、ラー油や米酢を加えながらいただく。

〆は残りのスープにゆでたラーメンを加えて
煮て、香菜、ラー油を添えていただく。

［魚介を楽しむなべ］

かきとねぎのみそ仕立て

◎具材
かき（生食用）……300g
ねぎ……3本
◎おだし
酒……¼カップ
だし汁……6カップ
白みそ……大さじ3
みそ……大さじ1～1½
◎薬味①
しょうが（おろす）……¼～⅓カップ
白すりごま……⅓カップ
◎薬味②
黒七味／あさつき（小口切り）／針ゆず

おだしを熱してしょうがとすりごまを加え、
かきとねぎを入れて好みの薬味でいただく。

●下ごしらえ
①かきはボウルに入れ、ゆるい水流の流水で1粒ずつ振洗いをし、水気をきる。ねぎは縦に包丁を入れ、芯を取り除いて広げ、斜め細切りにする。
②おだしを作る。なべに酒を入れてかるく温め、かきを入れていり、かきを取り出す。残った汁にだし汁を加え、みそを溶き入れる。

〆はゆでた細うどんを加え、
好みの薬味でいただく。

**具材はシンプルにかきとねぎだけ。
おろししょうがとすりごまを
山のように加えていただきます。**

黒七味

[魚介を楽しむなべ]

白子のマーボーなべ

◎具材

たらの白子……200g

　酒……大さじ2

青ねぎ(4〜5cm長さに切る)……2束

◎スープ

A
- ごま油……大さじ1
- にんにく(みじん切り)……小さじ1
- しょうが(みじん切り)……小さじ1

ねぎ(みじん切り)……¼カップ

キムチ(みじん切り)……1カップ

B
- チキンスープ……3カップ
- 酒……¼カップ
- しょうゆ……大さじ2
- 赤みそ……大さじ1〜2
- 塩、こしょう……各少々

水溶き片栗粉……大さじ1

◎薬味

一味とうがらし／へぎゆず／あさつき(小口切り)

スープを煮立て、
白子をさっと煮てから
青ねぎを加える。
好みの薬味でいただく。

〆は、煮汁ごとご飯にかけ、
好みの薬味を添えていただく。

●下ごしらえ

①白子は筋の部分に切込みを入れ、手で裂いて一口大にし、酒をかける。

②なべにAを合わせて火にかけ、香りが立ってきたらねぎを加えて炒め、キムチを加えてさらに炒める。Bを加えて煮立て、味を調えて、水溶き片栗粉でかるくとろみをつける。

白子とピリ辛味が相性がいいとはまさに目からうろこ。スープにとろみをつけ、味をよくからめます。

［魚介を楽しむなべ］

雪見なべ

◎具材

甘鯛（三枚におろしたもの）……$\frac{1}{4}$身

　塩……小さじ$\frac{1}{3}$

絹ごし豆腐……1丁

壬生菜……1束

ゆり根……1個

◎おだし

だし汁……2カップ

かぶ（すりおろす）……約3カップ

酒……$\frac{1}{2}$カップ

◎薬味

針ゆず／あさつき（小口切り）／かんずり

自家製ぽん酢（p.100参照）

●下ごしらえ

①甘鯛は大きめの一口大に切り、両面に塩をして、冷蔵庫で1～2時間おく。その後、まな板に皮を上にして並べ、ペーパータオルをかぶせ、上からゆっくり熱湯をかける。

②豆腐は一口大に切り、壬生菜は4㎝長さに切る。ゆり根は1枚ずつはがしておく。

③おだしの材料を合わせて温める。

ふつふつといってきたら、
順次具材を煮る。
おろしごととり、
ぽん酢をかけ、
薬味を添えて。

おろしたかぶを雪に見立てます。
甘鯛はさっと湯引くのがコツ。
小なべ仕立てにしても楽しい。

〆は揚げ餅。
煮汁に塩、ゆず果汁を加えて
味を調える。餅を中温で揚げ、
煮汁でさっと煮る。
針ゆずを添えていただく。

［魚介を楽しむなべ］

ぶりしゃぶ

◎具材
ぶり（刺身用のさく）……300g
水菜……1束
ねぎ……1本
◎スープ
豆乳……2カップ
だし汁……4カップ
◎たれ
自家製柑橘ぽん酢（p.101参照）
◎薬味
あさつき（小口切り）／針ゆず／ゆずこしょう

●下ごしらえ
ぶりは5㎜厚さに切る。水菜は茎と葉に切り分け、ねぎは縦半分に切って芯を取り、10㎝長さの細切りにする。

まずは湯葉をつるりとぽん酢で。
それから、ぶりをしゃぶしゃぶ。
豆乳でぶりのくせがやわらぎます。

なべに豆乳を沸かし、
まず表面に張った湯葉を引き、
ぽん酢でいただく。
だし汁を加え、ぶり、次に
野菜を入れてしゃぶしゃぶ。
ぽん酢に好みの薬味でいただく。

〆は残ったスープで
おじやを作り、塩少々を加え、
あさつきの小口切りを添える。

［魚介を楽しむなべ］

金目鯛と大根、えび芋の粕なべ

◎具材

金目鯛（切り身）……4切れ

A（しょうが汁……大さじ1／酒……大さじ3／塩……小さじ1）

グレープシードオイル……適量

大根……½本

生米……大さじ1

えび芋……2本

◎おだし

だし汁……7½カップ

酒……¼カップ

みりん……大さじ3

酒粕……1カップ

うす口しょうゆ……大さじ1〜2

◎薬味

針ゆず／青ねぎ（斜め細切り）

このままご飯のおかずにも。
大根とえび芋でボリュームも満点。
ほっこりと体が温まります。

●下ごしらえ

①金目鯛は大きめの一口大に切り、Aを合わせた中に15分ぐらいつけて下味をつける。ペーパータオルで汁気を押さえ、魚の両面にグレープシードオイルをぬり、グリルで香ばしく焼く。

②大根は2㎝厚さに切り、皮をつけたまま面取りし、片面に十文字の下包丁を入れる。たっぷりの水に生米を加えて大根を下ゆでして取り出す。えび芋は2㎝厚さに切り、皮をむいて面取りする。

おだしの材料を合わせ溶かして、
大根を10分ぐらい煮て、
えび芋を加え、さらに10分煮る。
金目鯛も加えて煮て、
好みの薬味でいただく。

〆は粟餅。焼いた粟餅を
かるく煮て、一味でいただく。
おじやもおいしい。

[魚介を楽しむなべ]

えびとはまぐりの豆乳なべ

◎具材
さいまきえび……8尾
　塩……少々
はまぐり……8個
水菜(ざく切り)……1束
大根……10cm長さ
京にんじん……10cm長さ
◎おだし
豆乳……3カップ
だし汁……2カップ
◎たれ
自家製だいだい酢(p.101参照)
◎薬味
黒七味

●下ごしらえ
①えびの角と尾の先を切り落とす。頭を外し、殻をむき、背わたを取り除く。えびの頭にかるく塩をふり、グリルで焼いておく。
②大根とにんじんは、ピーラーで長くそいでおく。

赤と緑、そして白と彩りも美しい
椀物感覚の春のなべです。
だいだい酢であっさりいただきます。

なべに豆乳を入れて温め、
表面の湯葉を引いていただいた後、
だし汁を加え、魚介、野菜を入れ、
だいだい酢と薬味でいただく。

〆は焼き餅を煮て。
だいだい酢と薬味でいただく。
おじやもおいしい。

［魚介を楽しむなべ］

ねぎまなべ

◎具材
まぐろ中とろ……200g
まぐろ赤身……200g
うど……2本
ねぎ……2本
三つ葉……2束
生わかめ……1カップ
◎おだし
濃いめのかつおだし汁……7カップ
酒……¼カップ
塩……小さじ2
しょうゆ……大さじ1½
◎薬味
割りこしょう

●下ごしらえ
①まぐろは中とろ、赤身とも、7㎜厚さの一口大に切る。
②うどは皮をむいて5㎝長さの半割りにし、薄い酢水につける。ねぎは3㎝長さのぶつ切り、三つ葉は半分の長さに、わかめは10㎝長さに切る。

ねぎの旬は冬ですが、あえて、
うどがおいしくなる春先に作ります。
新わかめもなべには最適の具材です。

おだしの材料を合わせて煮立て、
まぐろ、野菜に火を通し、
割りこしょうでいただく。

〆はご飯にたっぷりとおだしを
かけていただく。
好みで割りこしょうを添える。

［魚介を楽しむなべ］

鯛なべ

◎具材
鯛（ぶつ切り。あらも共に）……600〜700g
　塩……大さじ1
春かぶ……1束
木綿豆腐（一口大に切る）……1丁
くずきり（湯でもどす）……1袋
木の芽……1パック
◎おだし
昆布……5cm角2枚
水……5カップ
酒……¼カップ
塩……小さじ1
うす口しょうゆ……大さじ2
◎たれ
豆乳……1カップ
白ごまペースト……大さじ4
天然塩……小さじ½
◎薬味
ゆず一味／ゆずこしょう

●下ごしらえ
①鯛は身もあらにも塩をして、さっと焼く。
②おだし用の水に昆布を30分ほどつけておき、一煮立ちさせて昆布を除く。
③かぶは葉先を切り取り、茎をつけたまま、皮ごと半分に切る。
④たれの材料を合わせておく。天然塩はにがりの多いものだと、ほどよいとろみがつく。

②の昆布水にあらと
他の調味料を入れて煮立て、
順次具材を入れて火を通す。
たれと好みの薬味でどうぞ。

煮汁を一度こし、
ご飯を入れておじやにする。
さらしねぎを加えていただく。

桜鯛、春かぶ、木の芽……。
なべの中は春満載です。
こっくり味のたれにからめてどうぞ。

［魚介を楽しむなべ］

かわはぎのなべ

◎具材

かわはぎ……約4尾

大根……½本

青ねぎ……3～4本

赤パプリカ……1個

◎おだし

酒……2カップ

水……4カップ

昆布……10㎝角1枚

しょうが（せん切り）……大さじ2

◎たれ（肝じょうゆ）

かわはぎの肝（生）……4尾分

しょうゆ……大さじ3

煮切り酒……大さじ2

しょうが汁……小さじ1

◎薬味

すだち

おだしを煮立て、
かわはぎから入れ、
すだちをしぼった
肝じょうゆを
つけながらいただく。

●下ごしらえ

①かわはぎは皮をはぎ、肝を取り出してぶつ切りにし、湯引きする。大根は1.5㎝幅に縦に切り、ピーラーでひものように薄くそぐ。青ねぎは斜め切りにする。赤パプリカは種を取り、わたをそいで、細切りにする。

②たれの材料を合わせて裏ごしする。

③酒と水と昆布を合わせて火にかけ、煮立ったら昆布を取り除き、しょうがを加える。

野菜も順次加えて、
さっと煮ていただく。
これも肝じょうゆで。

やさしい味のかわはぎの身を
おいしい肝をベースにした
肝じょうゆですきっといただきます。

〆はかためにゆでた
そうめんをおだしに加え、
塩で味を調え、
肝じょうゆを落として。

[魚介を楽しむなべ]

鯛とあおさのなべ

◎具材
鯛(刺身用のさく)……300g
白セロリ……3束
あおさ(乾燥)……2カップ
◎スープ
だし汁……7カップ
酒……1/3カップ
ナンプラー……約大さじ2
塩……小さじ1/2
◎たれと薬味
長芋(すりおろす)……2カップ
梅干し(たたく)……大さじ4
自家製ぽん酢(p.100参照)
ゆずこしょう

●下ごしらえ
鯛は5㎜厚さに切る。白セロリは半分に切って葉と茎に分ける。

**鯛の薄切りを白セロリと一緒に
あおさスープの中でしゃぶしゃぶ。
なんとも上品な松田自慢のなべです。**

スープを沸かしてあおさを少し加え、
様子を見て、鯛と白セロリにさっと火を通す。
長芋と梅を合わせたたれに
からめていただく。たれの味にあきたら、
好みで、ぽん酢やゆずこしょうを加える。

スープに塩を加えて味を調え、
焼きむすびにかける。
好みでゆずこしょうを。

[魚介を楽しむなべ]

あいなめのしゃぶしゃぶ

◎具材
あいなめ……1尾
　くず粉……適量
たけのこ(新物。ゆでる)……小2個
菜の花……1束
◎おだし
だし汁……7カップ
酒……⅓カップ
塩……小さじ1½
うす口しょうゆ……大さじ1
◎たれと薬味
自家製ぽん酢(p.100参照)／黒七味

●下ごしらえ
①あいなめは三枚におろし、一口大のそぎ切りにし、くず粉をまぶしてよくはたく。酒少々(分量外)を加えた熱湯にさっとくぐらせ、湯引きしておく。
②ゆでたけのこは縦に8等分に切る。菜の花は葉と軸に分け、軸は塩を加えてかためにゆでて水にとり、つぼみの中の水を絞る。

**春の香りがなべの中にあふれます。
あいなめは身くずれを防ぐため、
薄くくず粉をはたいて湯引きを。**

おだしを沸かし、あいなめ、たけのこ、
菜の花の軸を煮て、
ぽん酢と黒七味でいただく。
葉は入れて色が変わったらすぐどうぞ。

〆はなべ中のアクをすくい取ってから、
節そうめんを入れて煮る。

［魚介を楽しむなべ］

はもすき

◎具材
はも（骨切りしたもの）……1尾
玉ねぎ……1個
はす芋（ずいき）……2本
ピーマン……2個
◎割り下
水、酒……各1カップ
みりん……大さじ3
しょうゆ……¼カップ
◎薬味
粉山椒

●下ごしらえ
①はもは一口大に切る。
②玉ねぎは縦半分にして5㎜厚さに切り、はす芋は皮をむいて6㎝長さに切る。ピーマンは種とわたを取り、横に薄切りにする。
③割り下の材料を合わせて一煮立ちさせる。

はもには少し甘口が合うようです。
〆は卵にすだち果汁をたっぷり。
ユニークですが、おいしいんですよ。

なべに割り下を適宜煮立て、
具材を入れて火を通し、粉山椒でいただく。
順次割り下を追加する。

〆はかためにゆでた半田めんを煮て、
すだちをたっぷりしぼり込んだとき卵でいただく。

［魚介を楽しむなべ］

魚介のカチュッコ風

◎具材
芝えび……300g
はまぐり……4個
ほうぼう……2尾
やりいか……4はい
アンディーブ……1個
芽キャベツ……8個
◎スープ
ほうぼうのあら……2尾分
水……7カップ
A（にんにく（みじん切り）……大さじ2
　オリーブオイル……大さじ2
B（玉ねぎ（みじん切り）……1個
　サフラン……小さじ1
　こしょう……たっぷり
　赤とうがらし（小口切り）……1本
　タイム、コリアンダー……各小さじ1/3
トマト水煮（缶詰。つぶす）……1缶（450g）
ドライベルモット……1/2カップ
◎薬味
アリッサ（中近東の辛味調味料）

イタリア人の大好きな魚介スープ、
カチュッコは夏の元気のもとだとか。
ピリッと辛みをきかせるのがミソ。

●下ごしらえ
①芝えびは殻をむいて背わたを取る。はまぐりは酒少々（分量外）をふりかけて蒸し、殻を開けておく。ほうぼうはおろして一口大に切り、さっと湯引く。いかはそっとわたを取りはずし、輪切りにする。足は食べやすいように切る。
②アンディーブは縦四つ割り、芽キャベツは頭に十文字の切り目を入れる。
③スープを作る。ほうぼうのあらと水を合わせて煮立ててだしをとり、こしておく。別なべにAを合わせて中火にかけ、香りが出てきたらBを加えてさらに炒める。ここに、ほうぼうのだしを加え、さらにトマトとドライベルモットを加えて煮立て、アクをすくい取る。

スープに魚介を入れて煮て、
野菜も加えて煮る。
アリッサをアクセントにいただく。

なべの後はクスクスで。
2カップのクスクスを目の細かいざるに入れ、
1カップの水をゆっくりと吸わせ、
湯気の上がった蒸し器で20分蒸す。
ここにスープを少し煮つめたものをかけ、
コリアンダーを添えていただく。

［魚介を楽しむなべ］

鯖のブイヤベース

◎ブイヤベース

鯖……中1尾

A（にんにく（芯を取る）……1かけ
黒粒こしょう……大さじ1
水……8カップ

白ワイン……1カップ

にんにく（みじん切り）……大さじ1

オリーブオイル……大さじ2

玉ねぎ（薄切り）……½個

ねぎ（薄切り）……1本

B（トマト（皮と種を取り、ざく切り）……大2個
アンチョビー（みじん切り）……大さじ1
サフラン……小さじ1
トマトペースト……大さじ2

ブーケ・ガルニ……1束

塩、こしょう……各少々

◎アイオリソース

にんにく（おろす）……小さじ1

赤パプリカ（種とわたを取る）……1個

ゆでたじゃがいも……50g

卵黄……2個分

オリーブオイル……½カップ

塩……小さじ1

こしょう……少々

◎薬味

ピーマン（せん切り）／シブレット（小口切り）

イタリアンパセリ（小口切り）／アリッサ

ブイヤベースのイメージを一新。
フランス風魚のスープという感じ。
濃厚です。アイオリソースと。

●作り方

①鯖は三枚におろし、あらはAとともに火にかける。煮立ったらアクをすくい取り、白ワインを加えて5分煮て、ペーパータオルでこしてスープストックとする。鯖の身は皮からスプーンでかき出す。

②なべににんにくとオリーブオイルを入れて火にかけ、香りが立ったら、玉ねぎとねぎを加え、焦がさないように炒める。しんなりしたら、鯖の身を加え、ほぐしながら炒める。

③Bを加えてさらに炒めて①のストックとブーケ・ガルニを加える。5～6分煮てから、塩、こしょうで調味する。

④アイオリソースの材料をフードプロセッサーにかけて、なめらかにする。

③のブイヤベースを温め、
せん切りピーマンに注ぎ、
ソースとアリッサなどと、
好みの薬味野菜を
添えていただく。
なべの〆は、
カペッリーニにかけて。

［野菜もいっぱいいただくなべ］

豚だんごのえごまの葉なべ

◎豚だんご

A
- 豚ひき肉……150g
- 酒……大さじ3

B
- 豚ひき肉……150g
- しょうが（みじん切り）……大さじ1
- ねぎ（みじん切り）……¼本
- ごぼう（5㎜角に切る）……⅓カップ
- 白ごま……大さじ2
- とき卵……½個分
- 塩……小さじ½
- こしょう……少々

◎豚だんご以外の具材

えごまの葉……1束
エリンギ（四つ割り）……2本
せり（6㎝長さに切る）……1束
黄パプリカ……1個
木綿豆腐……1丁
ねぎ（2㎝長さに切る）……2本

◎スープ

えごまの葉（ちぎる）……1束
にんにく（みじん切り）……大さじ2
みそ……大さじ3
酒……⅓カップ
チキンスープ……5カップ
コチュジャン……小さじ2〜3
白いりごま……⅓カップ
ナンプラー……大さじ3〜4

◎薬味

粉がらし／粉山椒／こしょう／コチュジャン

韓国で人気のえごま汁をもとに。なんともいえないこくがあります。

●下ごしらえ

①火を通した肉と生肉を混ぜた豚だんごのたねを作る。まずAを合わせて火にかけ、箸でいる。粗熱を取ってからBを加えてよく練る。
②黄パプリカは種を取り、わたをそぎ取って細切りにする。
③スープを作る。すり鉢にえごまの葉とにんにくを入れてよくすり、みそを加えてさらにすり、酒を加える。これをなべに移し、チキンスープと残りの材料を加えて煮る。

スープを煮立てた中にだんごのたねをスプーンですくって落とし、野菜や豆腐も入れて煮て、好みの薬味を添えていただく。

〆は稲庭の節うどんで。スープを酒か水で薄め、節うどんを入れて好みの薬味で。

［野菜もいっぱいいただくなべ］

香菜と白身魚のなべ

◎具材

いさき……中1尾

　塩……小さじ1

木綿豆腐（一口大に切る）……1丁

フルーツトマト……4個

玉ねぎ（縦四つ割り）……1個

香菜（ざく切り）……2束

◎スープ

ごま油……大さじ2

にんにく（薄切り）……1かけ

チキンスープ……7カップ

白ワイン……$\frac{1}{4}$カップ

塩……小さじ1

◎たれ（ごまだれ）

芝麻醤……$\frac{1}{3}$カップ

ナンプラー……大さじ3～4

シーズニングソース、米酢……各大さじ1

チリソース……大さじ2

白すりごま……大さじ2

こしょう……少々

◎薬味

塩、こしょうにごま油をふったもの／すりごま

●下ごしらえ

①いさきは三枚におろして一口大に切り、塩をふってかるくグリルしておく。

②スープの材料のうち、チキンスープと白ワイン、塩を合わせておく。ごまだれも作る。

たっぷりの香菜にトマト?!
そして、スープに白ワイン?!
ミスマッチなようでベストマッチ！

なべにごま油とにんにくを入れて中火にかけ、
香りが立ったところで、香菜、玉ねぎ、
いさきを入れて、スープを少し注ぎ、
まずはごま油入り塩、こしょうでいただく。

スープを加え、煮立ったら、トマト、豆腐も
加えて煮ながら、ごまだれと好みの薬味で。

〆は大豆もやしとフォーを加え、
塩、こしょうで調味し、
レモンをしぼり、香菜を添える。

［野菜もいっぱいいただくなべ］

バーニャカウダのなべ仕立て

◎具材

セロリ……1本

グリーンアスパラガス……1束

きゅうり……2本

ミニキャロット（皮をむく）……8本

ミニ大根（皮をむく）……8本

キャベツ（適当な大きさにちぎる）……4枚

黄パプリカ……1個

バゲット……適宜

◎ソース（バーニャカウダ）

A:
- アンチョビー……¼カップ
- にんにく……60g
- チキンスープ……1カップ
- オリーブオイル……大さじ2

B:
- 生クリーム……½カップ
- 塩、白こしょう……各少々

コーンスターチ……大さじ3（同量の水で溶く）

●下ごしらえ

①セロリは筋を取り、10㎝長さに切る。アスパラガスは根元を落とし、かためにゆでる。きゅうりは縦六つ割りにする。黄パプリカは種を取り、わたをそいで2㎝幅に切る。

②バゲットは棒状に切り、オリーブオイル（分量外）をぬってこんがりトーストする。

③ソースを作る。Aを合わせてフードプロセッサーにかけ、Bを加えて混ぜ合わせる。なべに移して火にかけ、コーンスターチでとろみをつける。

ソースを温め、好みの野菜やバゲットにソースをからめながらいただく。

〆はパスタ。
塩を加えてゆでたカペッリーニに、ソースをかけてあえていただく。

イタリアンの一品をなべに。
あつあつディップの感覚で、
新鮮な野菜に
つけながらいただきます。

［野菜もいっぱいいただくなべ］

きのこなべ

◎具材
なめこ……1袋
生しいたけ……4個
えのきだけ……1パック
まいたけ……1パック
しめじ……1パック
油揚げ……2枚
◎おだし
だし汁……6カップ
みりん……大さじ1
塩……小さじ½
しょうゆ……大さじ1〜2
里芋（皮をむいてすりおろす）……3〜4個
◎薬味
さらしねぎ／一味とうがらし

●下ごしらえ
①しいたけは軸を5㎜ほど残して切り落とし、縦二つか四つ割りにする。ほかのきのこは細かくほぐしておく。
②油揚げはオーブンでかりっと焼いて、一口大に切る。
③なべに里芋以外のおだしの材料を入れて煮立てる。

おだしにきのこ類と油揚げを加え、
一煮立ちしたら里芋を加え、
火を止めてふたをして5〜6分蒸らす。

さらしねぎと一味でいただく。

おろした里芋をきのこにからめ、
つるっとすすっていただきます。
深まる秋の宵にお試しください。

［野菜もいっぱいいただくなべ］

おでん

◎具材

大根（3cm厚さ）……4枚

いか棒、野菜天、たこボール……各4個

ちくわ麩（四つに切る）……1本

ゆで卵……4個

こんにゃく……1枚

里芋……4個

ゆでたけのこ（縦四つ割り）……小2本

はんぺん（斜め半分に切る）……2枚

ふき……4～5本

袋

　油揚げ……2枚

　餅（半分に切る）……2個

かんぴょう……少々

◎おだしA

だし汁……8カップ

酒……½カップ

みりん……¼カップ

塩……小さじ2

うす口しょうゆ……大さじ2

◎おだしB

だし汁……7カップ

酒……¼カップ

塩……小さじ½

うす口しょうゆ……大さじ1

◎薬味

溶きがらし

●下ごしらえ

①大根は十文字に薄く包丁目を入れ、下ゆでする。いか棒、野菜天、たこボールは熱湯でゆでて、油抜きをする。こんにゃくは塩大さじ1（分量外）をすり込んでよくもみ、10分ゆでてから八つに切る。

②里芋は皮ごとぬらし、ラップフィルムに包んで電子レンジで約4～5分加熱して、皮をむく。

③ふきは塩で板ずりして熱湯でゆで、水にとって筋を引く。10cm長さに切り、4～5本まとめて、もどしたかんぴょうで結ぶ。

④袋を作る。油揚げは湯通しして半分に切り、餅を詰めて口をもどしたかんぴょうで結ぶ。

丁寧にとったおだしで、薄味で
じんわりと煮含めていくタイプ。
うまみの出ただしは茶飯にかけて。

おだしAを温め、大根、ちくわ麩以外の練り物、ゆで卵、こんにゃくを入れて渡し箸をしてふたをし、弱火で2時間、途中ちくわ麩を加えて煮る。火を止めてふたをする。

おだしBを温め、おだしAで煮た具材を移し、たけのこ、里芋、ふきを加える。10分煮てから、最後に袋、はんぺんを入れる。

溶きがらしでいただく。
相方は茶飯（＊）。汁をかけ、
さらしねぎを添えてもいい。

＊茶飯の作り方　米2カップをとぎ、10分浸水、15分水きりする。水2カップに、だしパックとほうじ茶大さじ2を加えて火にかけ、沸き上がったところでこし、米を炊く。

［小粋に楽しむ小なべ仕立て］

鶏の軟骨入り だんごなべ

◎だんご

鶏もも肉……2枚

A
- 鶏軟骨……200g
- 卵……1個
- 塩……小さじ1

B
- ねぎ（みじん切り）……1本
- しょうが（みじん切り）……大さじ2
- こしょう……小さじ1
- ナンプラー……大さじ1
- 酒……大さじ2

◎だんご以外の具材

青梗菜（縦二つ割り）……5～6株

◎スープ

酒……3カップ

水……4カップ

◎薬味

ザーサイ（みじん切り）／ラー油／腐乳

●下ごしらえ

だんごのたねを作る。鶏もも肉は皮と脂を取り除き、一口大に切る。これをフードプロセッサーに入れ、Aを加えて、軟骨が6～7㎜の大きさになるように回し、ボウルに取り出してBを混ぜる。

ふわっとしただんごの間から
こりこりした軟骨がはじけます。
腐乳で味と香りのアクセントを。

スープを沸かし、だんごのたねをスプーンですくって落とし、浮いてきたら、青梗菜を入れてさっと火を通す。薬味を小鉢に入れ、スープで加減して、たれにする。

〆はなべ中をきれいにし、さっとゆでたフォーを加えて火を通す。香菜とすりごまを薬味に、ナンプラーをプラス。だんごごと汁をご飯にかけてもおいしい。

［小粋に楽しむ小なべ仕立て］

白魚とクレソンの小なべ

◎具材
白魚……200g
クレソン……3束
◎おだし
水……4カップ
酒……1カップ
昆布……7㎝長さ
塩……小さじ⅓
うす口しょうゆ……大さじ1
◎薬味
ゆずこしょう

●下ごしらえ
①クレソンは茎と葉に分ける。
②なべに水と酒、昆布を入れて火にかけ、煮立ったら昆布を取り除き、塩とうす口しょうゆで味を調える。

春を告げる上品な味の小なべです。白魚はさっと火を通した程度でOK。煮すぎないうちにいただきましょう。

おだしを温め、
白魚とクレソンを煮て、
おだしごと薬味でいただく。

なべ中のかすを除き、
卵をよくといて流し入れ、
白魚の卵とじを作って、
ご飯にかける。

［小粋に楽しむ小なべ仕立て］

かきとセロリの小なべ

◎具材

かき(生食用)……150g

　酒……大さじ3

セロリ……2本

◎おだし

だし汁……4カップ

酒……¼カップ

塩……小さじ1

うす口しょうゆ……大さじ1

◎薬味

割りこしょう／ゆず果汁

●下ごしらえ

①ボウルにかきを入れ、ゆるい水流の流水で１粒ずつ振洗いをする。水気をきり、酒と合わせて10分おく。セロリは筋を取り、５㎝長さの短冊切りにする。

②なべにおだしの材料を入れて煮立て、セロリを加える。

セロリとかきが意外と合うんです。
先にしゃきっとセロリを煮たら
かきはさっと温める程度でどうぞ。

かきを加え、色が変わったところですぐに火を止め、好みの薬味でいただく。

残った煮汁を沸かし、アクをすくい取り、とき卵を流し入れてかき玉にし、しょうゆ味の焼きおむすびの上からかける。

［小粋に楽しむ小なべ仕立て］

ふぐ皮の小なべ

◎具材
ふぐの皮の湯引き……300g
白菜の芯（細切り）……¼株分
青ねぎ（ざく切り）……⅓束
◎おだし
水……4カップ
昆布……7㎝長さ
酒……½カップ
◎たれと薬味
自家製だいだい酢（p.101参照）
博多ねぎ（小口切り）／もみじおろし（＊）

●下ごしらえ
なべに水と昆布を煮立て、昆布を除いて酒を加える。

ふぐ皮は煮ることで、こりこりからぷりぷりに変わります。淡い味わいをお楽しみください。

具材を入れて火を通し、
たれと薬味でいただく。

なべの後に豆腐を入れて温め、
おだしと薬味でいただく。

＊もみじおろしの作り方
大根に箸で穴をあけ、その中に種を取った赤とうがらしを入れ、大根おろしの要領でおろす。

[小粋に楽しむ小なべ仕立て]

酒盗の湯豆腐

◎具材
木綿豆腐……1丁
◎おだし
酒盗……大さじ1～$1\frac{1}{2}$
酒……$\frac{1}{4}$カップ
だし汁……2カップ
しょうが汁……小さじ$\frac{1}{2}$
うす口しょうゆ……ひとたらし
◎薬味
青ねぎ(小口切り)／一味とうがらし

●下ごしらえ
①豆腐は半分に切る。
②なべに酒盗以外のおだしの材料を入れて火にかける。

冷蔵庫に常備してある酒盗で。
おかずというより酒の肴向き。
酒盗は塩味によって量の加減を。

酒盗を溶かし入れて豆腐を加え、
1～2分火を通す。
薬味をたっぷり加えていただく。

はご飯にかけて、
薬味を添えていただく。

［小粋に楽しむ小なべ仕立て］

花山椒なべ

◎具材

花山椒……約2カップ

牛肩ロース肉しゃぶしゃぶ用……200g

山くらげ……¼束

◎おだし

だし汁……5カップ

酒……½カップ

砂糖……大さじ1

しょうゆ……⅓カップ

塩……小さじ½

●下ごしらえ

①山くらげは水でもどしてもみ洗いし、5㎝長さに切る。

②おだしの材料を合わせて煮立てる。

花山椒が出回る春の終りの
ほんの数週間だけのお楽しみ。
牛肉はできれば上質のもので。

温めたおだしに
花山椒と山くらげを入れて火を通し、
牛肉をしゃぶしゃぶにする。

〆はおだしを足して味を調え、
かためにゆでたそばを煮る。

小なべの アイディアいろいろ

豆腐＋あられ大根＋あさりのむき身

おだしは、酒を水で割ったもの。
具材にさっと火が通る程度に煮て、柑橘ぽん酢に
削りがつおを加えたたれでいただく。

焼き油揚げ＋青ねぎ

めんつゆを水で薄め、梅干し1個をそのまま加えた
おだしでさっと煮る。薬味は一味とうがらしがぴったり。

豚三枚肉＋にら（緑、黄）

酒と水を2対3に合わせたおだしを沸騰させ、
まず豚肉を。にらはさっと。自家製ぽん酢にゆずこしょうで。

＊めんつゆの作り方はp.108参照

豆腐＋焼きねぎ＋湯葉

おだしは、酒を水で割ったもの。
火の通った具材だから、温める程度で。
柑橘ぽん酢にたっぷりのすりごまを加えたたれで。

油揚げ＋かまぼこ

おだしは、だし汁を酒、うす口しょうゆ、
塩で吸い物くらいに調味して。
薬味はあさつきの小口切りと針ゆずで。

小柱＋根三つ葉

おだしは、めんつゆを薄めたものを。小柱は煮すぎない
ように注意。針ゆずを添えて、吸い物感覚でどうぞ。

小柱＋壬生菜＋のり

おだしは、だし汁を酒、うす口しょうゆ、
塩で吸い物味に調える。一味とうがらしをふって。

はまぐり＋たけのこ

新たけのこの時季の組合せ。だし汁を酒、
うす口しょうゆ、塩で調味したおだしで。薬味は粉山椒を。

みる貝＋ささがきうど＋三つ葉

おだしは、水を酒とナンプラーで
ごく薄味に調味して。薬味は一味とうがらしが合う。

松田式たれ、調味料

だいだい酢

自家製ぽん酢

柑橘ぽん酢

自家製ぽん酢

なべにはもちろん重宝、焼き肉やお刺身にもよし。
料理を引き立てる自慢のぽん酢。

◎材料
みょうが……大3個
ピーマン……2個
しょうが……1かけ
にんにく……2かけ
穂じそ……5〜6本
ゆずの皮……½個分
昆布……5cm角1枚
削りがつお……⅓カップ
ゆず果汁……1個分
すだち果汁……½カップ
しょうゆ……2カップ
米酢……1カップ

●作り方
①みょうが、種を取ったピーマン、しょうが、
にんにくはみじん切りにする。
穂じそは穂をしごき落とす。
ゆず皮は大きめにへぎ切ったまま。
削りがつおはだしパックに入れて口を閉じる。
②すべての材料を保存瓶に入れ、冷蔵庫に。
1週間でゆず皮、昆布、削りがつおを取り除き、
さらに1週間冷蔵庫で寝かせる。
③②の段階から使えるが、
随時、野菜や調味料を足しながら、
好みの味のぽん酢に育てる。

柑橘ぽん酢

レモン、ゆず、すだちにかぼす、
各種の香りと酸味を調和させて。
季節によって取合せを工夫しても。

◎材料
レモン果汁……1個分
ゆず果汁……1個分
かぼす果汁……2個分
すだち果汁……4個分
しょうゆ……1カップ
米酢……約¼カップ

●作り方
すべての材料を合わせて混ぜる。
酸味は米酢で調節する。
すぐに使え、あとは冷蔵庫で保存。
削り残しのかつお節の芯と、
4cm角の昆布を加えるとさらに味がよくなる。
その場合は1週間で取り除く。

だいだい酢

お正月をはさんで、ふた月くらいの
限られた時季しか出回らないだいだい。
そのすばらしい香りを大切に。

◎材料
だいだい果汁……1カップ(5～6個分)
しょうゆ……1カップ
千鳥酢……¼～⅓カップ

●作り方
すべての材料を合わせて混ぜる。
すぐに使え、あとは冷蔵庫で保存。

自家製コチュジャン

市販のものは当りはずれがあるし、甘すぎて……。で、手作りしたら抜群。
もう欠かせない調味料です。

◎材料
こうじみそ（甘口）……300g
みりん……1カップ
しょうゆ……½カップ
水あめ……100g
韓国粉とうがらし……70g
グラニュー糖……20g

●作り方
①みそ、みりん、しょうゆ、水あめをフードプロセッサーにかけてなめらかにし、鍋に移して弱火にかけ、かき混ぜながら火を通す。
②フツフツと煮立ったら火から下ろし、粉とうがらしを少しずつ混ぜ、熱いうちにグラニュー糖を混ぜ込む。一晩くらいおくと味がなじむ。常温保存でOK。

万願寺
とうがらしたれ

万願寺とうがらしたれ

甘みを含んだとうがらし、
万願寺をベースにしたら、
さわやか味のたれになりました。

◎材料
万願寺とうがらし……2本
しょうゆ……1/3カップ
米酢……大さじ1
ナンプラー……大さじ1

●作り方
①万願寺とうがらしは縦に二つ割りにし、
種をつけたまま5mm幅に切る。
②すべての材料を合わせて混ぜる。
すぐに使え、あとは冷蔵庫で保存。

なべの〆に

ご飯
焼きおむすび
そうめん
カペッリーニ
稲庭干しうどん
そば
半田細うどん
半田めん
稲庭節うどん
節そうめん
全蛋麺
（卵めん）
ビーフン
韓国ラーメン
丸餅
クスクス
粟餅
トック
角餅
フォー

どんなにおなかがいっぱいになっていても、なべの後のもう一つの楽しみは欠かせません。せっかくおいしい汁が残っているのですから。

［ご飯、焼きおむすび］

ほとんどの場合、なべの汁を一度こして、汁かけ飯にしたり、雑炊やおじやにしたりできます。汁かけにするなら、ご飯はかために炊いたもののほうがおいしい。冷やご飯を雑炊にする場合は、ざるに入れ、塩少々をぱらぱらとふって流水でさっと洗って使うと、さらりと仕上がるんです。卵雑炊は、よくといた卵を穴あき玉じゃくしを通して回し入れ、すぐに火を止めてふたをし、ふっくらと蒸らします。焼きおむすび、しょうゆをぬって焼いたおむすびも、初めから用意しておけるので便利。

［そうめん、干しうどん、そば］

そうめん、徳島の半田めん、稲庭うどんなどの乾めんは、めん好きのわが家では常備品。特におなべ用には欠かせません。かためにゆでて、なべの中で好みのやわらかさに煮込んでください。そばは、鴨、鶏などを主にしたなべには合うようです。たっぷりの湯でかためにゆで、ざるにとったら、水をかけて洗い、ぬめりを取ります。

［節そうめん、節うどん］

節しいうのは、練ってのばしためんを、竿にかけて干しますね、その竿の部分は幅広くなってしまうので、切り落とされてしまうのです。それが節として売られています。ある時、なべ後に三輪の節そうめんを、ゆでずに直接入れてみたのです。それが、とろりとしていいお味！　以来、節そうめん愛好になってしまいました。稲庭の節うどんも見つけました。この長さがなべ後に入れるにはぴったりで、普通の部分に比べて格安でもあります。

［韓国ラーメン、全蛋麺］

同じ理由で、韓国に旅したときに見つけたインスタントラーメンや、中国の卵めんも、ゆでずにそのまま入れて、なべの〆にしています。お酒もちょっと入って気持ちよくなっているときには、立たずにすむのがとてもうれしいものです。乱暴なようかもしれませんが、おなべだからこそ許されるのではないかしら。

［ビーフン、フォー］

エスニック系なべには、ビーフンやフォー（ヴェトナムめん）などの米のめんがやはり相性。ビーフンは湯をかけてもどし、フォーはさっとゆでてなべ中に。

［お餅］

お餅や粟餅、それに韓国のトック。なべの〆のお餅には歓声があがるんです。汁中で煮くずれるのがいやなので、小さめにしたり、中温の油で揚げたり、焼き餅にしたりして入れます。その点、トックは煮くずれないので重宝です。

［カペッリーニ、クスクス］

とろりとしたスープが残ったら、パスタやクスクスにソース風にかけていただくのも新鮮。次の日にだって回せます。パスタは細いカペッリーニがゆで時間が短く、ソースのからみもいいので、特になべにはおすすめです。

おだしとスープのこと

おなべの大切なポイントの一つは、おだしとスープ。きちんといいおだしをとりたいものです。
とはいうものの、「今日はおなべ」という日は、時間がないときが多いのではありませんか。
ここでは、まず、丁寧なおだしのとり方を、次に、ちょっぴり「知恵」をつかった方法を指南しましょう。
「私は知恵派」が多いでしょうか。さ、今夜はおなべ……おいしいおだしでお楽しみください。

だし汁のこと

［丁寧にかつおだしをとるには……］

◎材料

昆布……５㎝角４枚

かつお節(削ったもの)……40ｇ(２カップ)

水……10カップ

●作り方

①なべに分量の水を入れ、昆布を入れて１時間ぐらいつけておく。これを中火にかけ、10分ぐらいして昆布の周囲に泡が立ってきたら、冷水を１カップぐらい注ぐ。

②ゆらっとしてきたら昆布を引き上げ、かつお節を一度に加える。３分ぐらいして沸き上がったら、冷水を１カップ加えて火を止める。

③ボウルにざるをのせ、キッチンペーパーを二重に敷く。②のかつお節が落ち着いたら、静かにこす。かつお節は絞らないこと。絞るとだしも濁るし、いやな風味が残ってしまう。

［だしパックで簡単にとるには……］

だしパックもいろいろありますが、できるだけ自然のものを使います。おすすめは……

◎「おだしのパックじん」

うね乃

京都市南区唐橋門脇町４

フリーダイヤル 0120-821-218

TEL 075-671-2121　FAX 075-671-5345

http://www.odashi.com/

水５カップを沸かし、おだしパック１個を入れ、４分ぐらい煮出す。おだしパックはえぐみが出ないように工夫されているので、絞っても大丈夫。

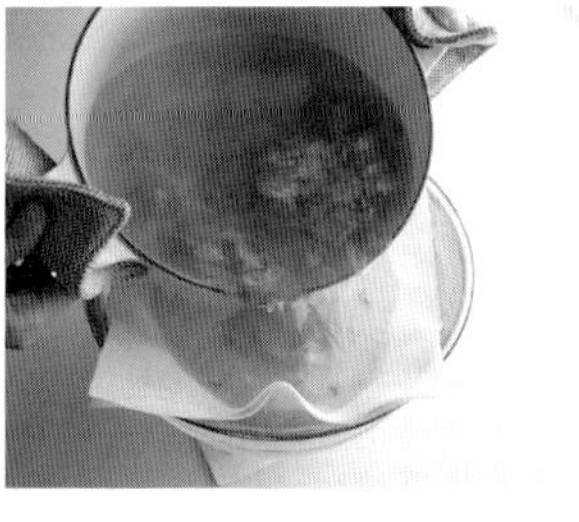

チキンスープのこと

[丁寧にスープをとるには……]

◎材料

鶏手羽先……500g

（手羽肉＋ひき肉250～300gでもいい）

ねぎ（青い部分）……7cm長さ2本

しょうが（薄切り）……少々

水……2.5リットル

●作り方

①なべに材料を全部入れ、強火にかける。

②アクが浮いてきたら中火の弱に落とし、アクと脂をこまめにすくい取りながら、15分ぐらい煮て火を止める。

③ボウルにざるをのせ、キッチンペーパーを二重に敷く。その上に②のスープを静かに注いでこす。2.5リットルの水が約1.7リットルになる。残った手羽先は、身を手で裂き、あえ物などに使う。

[市販のスープで簡単に……]

私のおすすめは、抗生物質、合成抗菌剤を使わずに育てた、南部鶏の鶏骨、鶏肉、ねぎ、しょうがを一晩グツグツ煮込んだもの。こくはあるが、くせはなく、食塩不使用なので、使い勝手がいいのです。おなべのときは、指定どおりに、水で倍に薄めて使用。

◎「南部どりうまみだし」

アマタケ

岩手県大船渡市盛町字二本枠5

TEL 0192-26-5205　FAX 0192-27-6234

http://www.amatake.co.jp

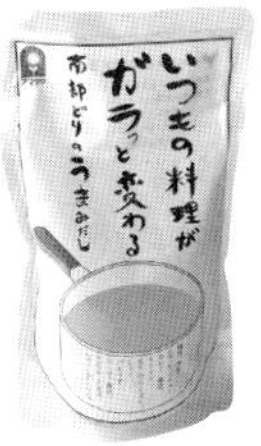

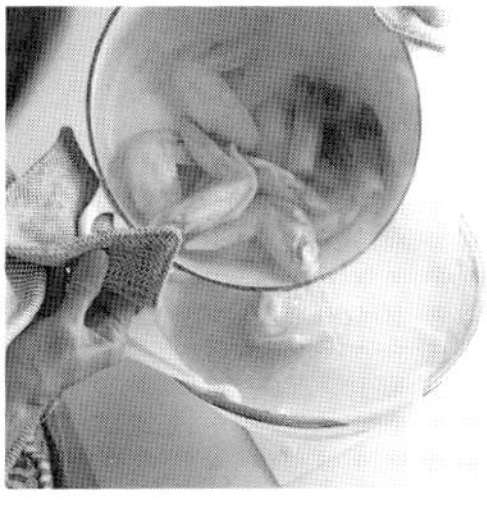

めんつゆのこと

　市販のめんつゆでもかまわないのですが、自分でも好みの味にめんつゆを作りおきします。冷蔵庫に入れておけば、10日はもちます。おなべやめんつゆにはもちろん、ドレッシングにしたり、炒め物に調味料代りに加えたり、と重宝します。

［めんつゆの作り方］

◎材料

さば節……30ｇ

酒……¾カップ

砂糖(三温糖)……大さじ１

みりん……½カップ

しょうゆ……１カップ

水……３カップ

●作り方

①分量の水を沸騰させ、酒、砂糖、みりんを入れ、さば節を加える。

②沸き上がったら、しょうゆを加え、再び沸き上がったら火を止める。

③ボウルにざるをのせ、キッチンペーパーを二重に敷き、その上に、②のめんつゆを静かに注ぎ、こし出す。(冬場なら、さば節を入れたまま、一晩寝かせ、落ち着いてからこすといい)

◎小なべに使うときは、めんつゆ１に対し、水２で薄めて用いる。水＋酒で薄める場合は、３対２にするか、半々にして薄める。

薬味、調味料

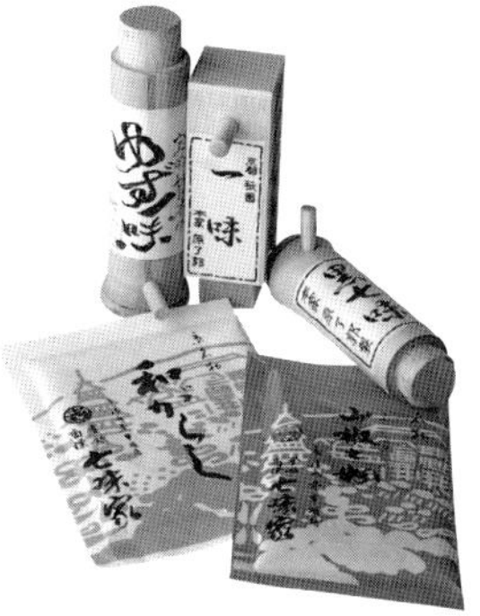

◎「ゆず一味」
カネトシ
神戸市東灘区御影本町2-14-19
フリーダイヤル 0120-214192
TEL 078-851-1109
FAX 078-851-1247
http://www.kanetoshi.co.jp/

◎「黒七味」「一味」
原了郭
京都市東山区祇園町北側267
TEL 075-561-2732
FAX 075-561-2712
http://www.kyoto-wel.com/shop/S81110/

◎「和がらし」「山椒の粉」
七味家本舗
京都市東山区清水産寧坂角
フリーダイヤル 0120-540-738
TEL 075-551-0738
FAX 075-531-9352
http://www.shichimiya.co.jp/index.html

◎「石垣島ラー油」
自然食材倶楽部「ペンギン食堂」
沖縄県石垣市大川199-1
TEL & FAX 0980-88-7030
http://www5d.biglobe.ne.jp/~A_Pengin/

◎「手しぼり枯木ゆず」
カネトシ
神戸市東灘区御影本町2-14-19
フリーダイヤル 0120-214192
TEL 078-851-1109
FAX 078-851-1247
http://www.kanetoshi.co.jp/

◎「京都山田のへんこごまねりねり」
山田製油
京都市西京区桂巽町4
フリーダイヤル 0120-508-045
TEL 075-394-3276
FAX 075-394-3283
http://www.henko.co.jp/yamadaseiyu.html

◎「柚子こしょう」
鍵屋(亀の井別荘庭内)
大分県大分郡湯布院町大字川上2633
フリーダイヤル 0120-85-3308
TEL 0977-84-3166(代)
FAX 0977-84-4781

◎「生かんずり吟醸六年仕込み」
かんずり
新潟県新井市大字西条438-1
TEL 0255-72-3813
FAX 0255-72-0344
http://www.haneuma.net/kanzuri/index.shtml

◎アリッサ　Harissa
デパート、大手スーパーなどで入手可能。

◎本醸造うすくち醤油「うすむらさき」
きぢ醤油
広島県呉市仁方本町1-2-51
TEL 0823-79-5026
FAX 0823-79-6787
http://homepage2.nifty.com/kidi/

◎「福来純　三年熟成本みりん」
白扇酒造(事業本部)
岐阜県加茂郡
八百津町伊岐津志208-3
TEL 0574-43-3835(代)
FAX 0574-43-3878
http://www.hakusenshuzou.jp/

◎黒酢(固体発酵玄米醸造酢)
「真っ黒酢」
横井醸造工業
東京都江東区新木場4-12-21
TEL 03-3522-1111(代)
FAX 03-3522-0451
http://www.yokoi-vinegar.co.jp/

おすすめの「なべ」のご案内

上海の田舎の見知らぬおばあさんから、大きな素焼きのなべを譲ってもらい、
抱えて飛行機に乗って以来、私は土なべの機能性と風合いにひかれてきました。
この本の撮影を始めるにあたって、それまで使ってきたなべへの不満、要望を
みんな盛り込んで、使いやすく、形いいものをと、そろえてみました。

特別注文で作ってもらった
「一志郎窯」の香味鍋大小と
なべ敷き

伝統の技にシンプルモダンがプラス
南部鉄器「釜定」の組なべ

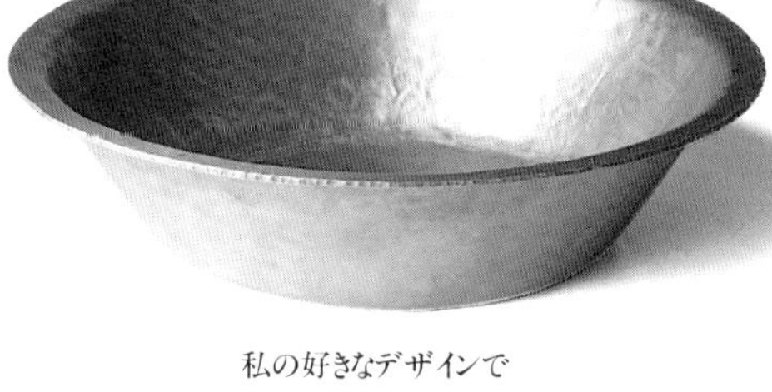

私の好きなデザインで
鶴田比呂彦さんの手打ちアルミ鍋

[香味鍋(大、小)]

滋賀県彦根市で「湖東焼一志郎窯」を主宰する中川一志郎さんにご相談して作っていただきました。卓上で使うのに扱いやすい大きさで、全体に釉薬がかかっているので耐久性にすぐれ、ひびが入りにくいのです。なべ底を山形にもち上げて冷めにくくし、なべぶたの中央に穴をあけて火の回りを早く、と工夫してあります。鴨なべのように焼きつけたり、ギョウザなべのように炒めたりにも大丈夫。オーブン使用も可能です。大は4～6人前に、小は小なべ仕立てや2人前用に。

[なべ敷き]

香味鍋大、小に合わせてなべ敷きも。なべを受ける部分は飴釉の陶板になっており、それを杉板にはめ込んであります。趣があるので、インテリアに多様に使えると思います。

[手打ちアルミ鍋]

若手造形作家の鶴田比呂彦さんが、私の注文にこたえて作ってくれました。これも卓上で使いやすい深さと直径、形の美しさが特徴。ただし一点一点手で打ち出すので、多少は形に違いが出てきます。アルミ製は熱の回りが早く、底はやはり盛り上がっているので、保温性もあります。

[南部鉄・組なべ]

これは既製のものでしたが、シンプルな形と、適度な深さのあることでおすすめしたい鉄なべです。すきやきにはもちろん、ギョウザやステーキを焼いたりグラタンにと、いろいろに使えます。すきやきも中でパチパチはねがちなので、深めがいいのです。

[左ページの道具を通信販売いたします]

ただし注文製作のため、
受注後、約1か月のお時間をいただきます。

● 香味鍋(大)
商品番号5312017C
31,500円(税込み)　送料1,000円
サイズは直径32×高さ15.5cm。重さ約3.7kg。

● 香味鍋(大)のなべ敷き
商品番号5312027C
5,250円(税込み)　送料500円
サイズは25.5×25.5×高さ2.5cm。重さ約1kg。

● 香味鍋(小)
商品番号5312037C
18,900円(税込み)　送料1,000円
サイズは直径25×高さ14cm。重さ約2.3kg。

● 香味鍋(小)のなべ敷き
商品番号5312047C
4,200円(税込み)　送料500円
サイズは20.5×20.5×高さ2.5cm。重さ約700g。

● 手打ちアルミ鍋
商品番号5312057B
18,900円(税込み)　送料500円
サイズは直径24×高さ6cm。重さ約300g。

● 南部鉄・組なべ
商品番号5312067B
5,775円(税込み)　送料500円
サイズは直径25×高さ5cm。
外寸(持ち手含む)32cm。重さ約2.7kg。

★お申込み方法
電話またはFAX、郵便で商品番号と数量、
お届け先(郵便番号、住所、氏名、電話番号)を
お伝えください。

★お申込み先
〒151-8524 東京都渋谷区代々木3-22-7
文化出版局通販課
TEL 03-3299-2555(午前11時～午後5時受付け。
土曜、日曜、祝日を除く)
FAX 03-3299-2495(年中無休、24時間受付け)

★お支払いは、お送りする郵便振替用紙にてお願いします。
★お客さまのご都合による返品送料は、
　お客さまの負担となります。
★価格、送料とも2004年12月現在。

松田美智子(まつだ・みちこ)
ホルトハウス房子氏に師事して洋風家庭料理を学び、1993年より「松田美智子料理教室」を主宰。和風、中国風、エスニックをも広く会得した調理術、女子美術大学に学んだセンスを生かした盛付け、そして確かなおいしさ、ヘルシーさへの関心と、時代を体現する料理研究家である。テレビ、雑誌への登場も多く、著作活動も盛んで、近著に『私の料理がおいしい理由』(文化出版局)、『お茶漬けの味100』(河出書房新社)がある。最近は和の世界にも興味をもち、「和のスローフード」がテーマに。おなべは究極のそれであると言う。http://www.m-cooking.com/

撮影　湯淺哲夫
アートディレクション　木村裕治
デザイン　川崎洋子(木村デザイン事務所)
スタイリング　松田美智子
調理助手　荒牧栄美
企画、編集　土肥淑江　渡辺紀子

いまどきのなべ

発行　2004年11月1日　第1刷
　　　2004年12月20日　第2刷
著者　松田美智子
発行者　大沼 淳
発行所　文化出版局
〒151-8524　東京都渋谷区代々木3-22-7
電話03-3299-2479(編集)　03-3299-2540(営業)
印刷所　株式会社文化カラー印刷
製本所　大口製本印刷株式会社

お近くに書店がない場合、読者専用注文センターへ
フリーダイヤル　0120-463-464
ホームページ　http://books.bunka.ac.jp/